artepoética
press

JUEGOS DE LA MEMORIA

*

MINDGAMES

Nelson López Rojas

Juegos de la memoria

*

Mindgames

artepoética
press

Nueva york, 2013

Title: Juegos de la memoria * Mindgames
ISBN-10:1940075017
ISBN-13:978-1-940075-01-3
Design: © Ana Paola González
Cover: © Jhon Aguasaco
Author's photo by: © Fernando Tiscareño Cabello
Editor: Carlos Aguasaco
E-mail: carlos@artepoetica.com
Mail: 38-38 215 Place, Bayside, NY 11361, USA.

Dedicatoria

A vos, viejita.

Agradecimientos

A vos, por creer en la poesía.

Índice

Introducción

Vivir, soñar, volar, amar, fingir…las noches y las madrugadas frías, lunas llenas y princesas en castillos con cocodrilos… estos son los temas vividos y plasmados en este libro.

Vivir porque a pesar de tanta hazaña el Creador nos ha dado tanto para disfrutar.

Soñar porque para vivir en este mundo bello y hostil es mejor vivir soñando y soñar que se vive.

Volar porque… ahhh ¡Quién tuviera la dicha de volar como un ave! Volar y volar hacia el infinito… porque al volar dejamos el cuerpo de humano y nada nos separa de la eternidad.

Amar porque es la eterna alegría que antes me brindaba mi perra quien huyó, mis peces que se suicidaron, mi pollo que quedó ya sin piernas y con las alas apedreadas, y mi gato que me ignora constantemente.

Fingir porque al final de todo el poeta es un fingidor –dijo Pessoa. ¿Te agrada mi dolor, eh? Ya viste… todo tiene un rostro oculto, un segundo rostro. De mi alegría le brotarán lágrimas al lector y de mis sollozos reirá sin cesar. Con permiso, pase usted y juzgue usted mismo.

INTRODUCTION

To live, to dream, to fly, to love, and to pretend... nights and cold mornings, full moons and princesses in castles with crocodiles... these are the subjects lived and embodied in this book.

Living because despite all of our feats the Creator has given us so much to enjoy.

Dreaming because to live in this hostile world is better to live dreaming and to dream that we exist.

Flying because...Who wouldn't want to have the joy of flying like a bird! Flying and flying to infinity because when we fly we leave the human body behind and nothing separates us from eternity.

Loving because it is the eternal joy that my dog gave me before she fled, the joy I had before my fish jumped off their tank, the joy of having a cat who ignores me constantly.

Pretending because, after all, the poet is a fake, Pessoa said. Do you like my pain, eh? You see, everything has a hidden face, a second face. My joy will sprout tears on your face, and with my sobs the reader will laugh incessantly. Excuse me, come in, and judge for yourself.

JUEGOS DE LA MEMORIA

MINDGAMES

Perdido en América

— ¿De dónde eres, muchacho? -me preguntó Jack
— De El Salvador -le respondí yo.
— Oh, ¡entonces usted habla mexican!
— Español
— Entonces, ¿eres español?
— No, te dije que de El Salvador.

— Wait a minute!, Salvador *es localiza* en Suramérica. ¿Qué parte de México está *en*?
— Se llama "El Salvador" y además, México está en el Norte.
— No way, Jose! América está en el norte!

— Mi nombre no es Jos ..

Y aunque no supo que América es un continente, sacó un mapa
y no pudo encontrar Centroamérica
y no pude encontrar Centroamérica
Porque hay Norteamérica y Suramérica…

Tal vez hemos sido comprados por el Norte
no, no por México, un poco más arriba…

Lost in america

— Where are you from, young fellow? -Asked Jack.

— From El Salvador, -replied I.

— Oh, so you speak Mexican!

— Spanish.

— So, you're Spanish?

— No, Salvadoran.

— Wait a minute here, Salvador is in South America. What part of Mexico is that in?

— Mexico is in the North.

— No way, Jose! America is in the North!

— My name is not Jos...

And then he pulled out a map
and he couldn't find Central America
and I couldn't find Central America.

Maybe we were purchased by the North
no, not Mexico, further north.

Quizás hemos sido relegados al Sur
Tal vez somos todos mexicanos, todos españoles.

Estamos en el corazón de América
en la cintura
en el centro
en el ombligo

Sin embargo, se nos ha borrado del mapa,
de su mapa

¿Dónde está mi país?
Compré un mapa, pero todavía no he podido encontrarlo
Seis millones de personas, ¿a dónde se fueron?

Y entonces Jack cambió mi nombre a José
para poder pronunciarlo correctamente.

Maybe we were relegated to the South
Maybe we are all Mexican, all Spanish.

We are at the heart of America
the waist
the middle
the belt.

Yet we have been erased from the map
their map.

Where is my country?
I bought a map but I still cannot find it
Six million people, where did they go?

And then Jack changed my name to Hose A
so that he could pronounce it properly.

LÁGRIMAS DE COCODRILO

El cocodrilo lloró.
Lo trajeron de la cola
O quizás él caminó
O quizás lo revolcó la ola

Lágrimas de cocodrilo
Mar de llanto sin gracia
Es mejor conseguir hilo
Para coser su desgracia

El cocodrilo está triste
Pues le falta su mamá
Y su hábitat no existe
En lugares como acá

Cocodrilo, cocodrilo
Dejá ya de llorar
Dejá ya de ver el mapa
Regresá ya a tu hogar.

CROCODILE TEARS

Our crocodile wept.
They brought him here by the tail
Or maybe he walked by himself
Or maybe he was rolled by the waves

Crocodile tears
Filling up an ocean
Let's get you some thread
To sew up your misfortune

Our Crocodile is sad
Because his mommy is far away
Because the weather is too cold
In places like in here

Oh, Crocodile, crocodile!
Quit mourning already!
Quit looking at the map, croc!
Home awaits you, go back to your loch!

LITANÍA DE PECADOS CANINOS

Cierta señora un día
me dijo que feliz ella sería
cuando sus hijos de su casa se fueran
y su perro por fin se muriera.
Y sus hijos se fueron. Y su perro se murió, y ella no lloró.

Pero debés de recordar, me decía dulcemente,
que el perro era muy bravo,
tenía pulgas y garrapatas,
no dejaba dormir a nadie,
se orinaba en la alfombra,
atacaba a muchas personas,
seguía a los niños en bicicleta,
mordía las pantuflas de mi mamá,
se juntaba con perros de mala calaña,
sospechaba de todo de los indefensos gatos,
se comió mi tarea creyendo que era su almuerzo,
le robaba la carne a la pobre viejecilla del canasto,
y culpaba a los otros perros cuando había un problema.

Pobre señora, la acompaño en su pesar,
y le envío mis más profundas muestras de condolencia.

LITHANY OF CANINE SINS

I heard that your dog just died
I understand your pain, your sorrow, your loss, your grief.
I am sorry.

And now it's a time to reminisce
And your dog was always bitchy
Had fleas and ticks
Attacked the paper boy
Peed on your oriental rug
Chased defenseless cats
Hung out with infidel mutts
Chewed the neighbors' sandals
Stole the meat from the butcher lady
Plotted to invade your house for Thanksgiving
Humped your grandma's leg while you were praying.

But I do sympathize with your pain, your incalculable grief
and send you my most profound condolences.

SI EL AMOR FUERA UN ANIMAL

Las cosas más maniáticas suceden en los ascensores
Gente con auriculares cantándole al mundo,
Gente bien vestida, gente mal combinada
Gente perfumada, gente con olor a sexo
Y gente simplemente con olor a perro muerto.

Se oyen las historias más fascinantes en ese viaje de 30 segundos
Se oyen monólogos, pleitos, poemas, frustraciones, teorías…

Yo estaba en el piso 14 con Moustapha, mi amigo de Senegal
(del África occidental -corrige él)
Me preguntó:
"Si el amor fuera un animal, ¿qué animal crees que sería?"

Tras un momento de reflexión profunda y delicada meditación
se me ocurrió que si el amor fuera un animal, sería un quetzal

Y le expliqué que los quetzales van de un lugar a otro
sin detenerse en ningún lugar, a menos que, por supuesto,
sean capturados, forzados a aprender inglés y los exporten a la USA

IF LOVE WAS AN ANIMAL

The craziest things happen in elevators
people with loud headphones singing to the world,
people with a smell of sex
and people with just a smell

You hear the most fascinating stories in this journey of 30 seconds
You hear monologues, poems, frustrations, theories

I was on the 14th floor with Moustapha, a friend from Senegal
(West Africa -as he points out)
And he asked me:
"If love was an animal, what animal do you think it would be?"

After a moment of profound thinking and meditation
it occurred to me that if love was an animal,
it would be a Quetzal

And I explained that the Quetzals go from place to place
without stopping anywhere
unless, of course,
they are captured, forced to learn to speak English
and exported to the U.S.

En el séptimo piso una chica entró en el ascensor
Él la miró.
La olía.
Ella lo miró.
Ella le preguntó si la encontraba atractiva.

Pude ver que era bonita, pero mi percepción puede ser engañosa.

Moustapha respondió con su más inocente acento africano
"Creo que te ves muy bien, así como un elefante africano"

"¡Estúpido, hijo de puta!" -gritó.

Pero Moustapha no entendía el porqué de tan grosera respuesta.

Al bajar en el segundo piso, le dije:
"¿Sabés qué? Si el amor fuera un animal, seguramente no sería un
elefante africano".

On the 7th floor a girl entered the elevator
He looked at her.
He smelled her.
She looked at him.
She asked him if he thought she was good looking

I could see she was pretty, but my perception can be deceitful

Moustapha answered with his most innocent African accent
"I think you look nice, you are like an African elephant"

"Stupid bastard!" -she shouted

But Moustapha didn't understand why she had been so rude to his
response

Getting off on the second floor I said
"You know, if love were an animal, it wouldn't be an African
elephant."

MI ABUELITA

Mi abuelita no está aquí
se quedó lejos, muy lejos,

allá

Con las gallinas y el conejo, con los pericos y el coquí
con todo su amor para mí

Mi abuelita cocina pupusas, tortillas, tamales de elote
chuco, chan, chilate y chocolate ¡Mi corazón bate y bate!

Mi abuelita nos cose la ropa, ¡somos sus amores!
Me cose un suéter y a mi prima una muñeca
una camisa para Julito y otra para Rebeca
¡Llena la casa de brillantes colores!

Ella a las niñas las peina, ella a los niños les corta el cabello
¡Las niñas parecen reinas! ¡Los niños se ven muy bellos!

Mi abuelita no está
pero se acerca el verano
¡Ella sabe cuánto la amo!
Y estaré pronto allá.

MY NANA

My grandma is not here
she lives far, far away,

over there

With the chickens and the rabbits, with the parrots and the coquí
with all of her love for you and for me

My grandma loves cooking pupusas, tortillas, corn tamales
and to drink: chuco, chan and chilate
She's even making me a Mayan chocolate!

My grandma loves making us clothes, we are her dearests!
She made me a sweater; and for my cousin, a doll
A shirt for Julio and one for Sol
She fills the house with cheerful dyes!

I imagine her fingers running through my hair
Making a ponytail, then leaving it curly.

My grandma is not here,
but summer is fast coming
And I'll be with her just to be her princess again.

DEBAJO DE MI CAMA

¿Qué hay debajo de mi cama?
Nunca quise saber,
pero voy a decirles hoy lo que mi madre me dijo aquel día.
Si quieres saber, no te detendré, pero cuidado, el conocimiento es dolor
Te lo aseguro hoy que no serás jamás igual

Recuerdo bien ese día
era febrero, junio o septiembre quizás
los pájaros vendían su canto fuera de mi habitación
dentro de la casa, mi madre estaba tratando de silenciar mi mente

¿Qué hay debajo de mi cama? Le pregunté. ¿Me puede decir ahora?
"No hay nada que saber, váyase a dormir".

Pero curioso y furioso le exigí una respuesta
sobre el secreto que guardaba celosamente debajo de la cama
Entonces mi madre se puso seria y me miró a los ojos
Me advirtió que no le debía contar a nadie su secreto

Under my bed

What's under my bed?
I never wanted to know,
but I will tell you today what my mother told me that day.
I won't stop you from knowing, but beware, knowledge is pain
I ensure you today you won't be ever the same

I remember that day well
it was February, June or maybe September
birds were selling their singing outside my room
inside the house, my mother was trying to silence my mind

What's under my bed? I asked. Can you tell me now?
"There is nothing to know, just go to sleep now."

But curious and furious I demanded an answer regarding the secret
well kept under my bed.
Then mother was serious and looked me in the eye
She told me to tell nobody her secret

"Antes de que nacieras, enterré mi miedo,
mi dolor, mi llanto, mi vida y mi muerte
que murieron y fueron enterradas justo debajo de tu cama
para enseñarte a matar lo que oprime tu alma.
Contenta estaré cuando hagas lo que yo hice,
cuando entierres tu silencio, tus miedos y tu muerte".

"Before you were born I buried my fear,
my pain, my cry, my life and my death
they were killed and were buried just under your bed
to teach you to kill what oppresses your soul.
Content I will be when you do what I did,
when you bury your silence, your fears and your death."

Mi castillo a la orilla del mar

Aquella noche estrellada
él hizo un castillo bajo la lluvia

Su castillo tenía la arena más brillante
porque la luna la iluminaba

Acariciábalo
la espuma del mar que viene y va… sin rumbo.

Observábanlo
las aves que se deleitaban ante tal maravilloso espectáculo.

Reclamábanle
las nubes que les observaban en la distancia.

Alrededor del castillo caminó
y despertó creyendo haber soñado
con los caracoles y las conchas
con las olas y el viento,
con la arena y la luna,
con sus ojos color Caribe.

THE CASTLE AT THE SEASHORE

When the night was full of stars,
he made a castle under the rain

His castle had the brightest sand,
as the moon illuminated it

Sea foam that comes and goes with no direction
caressed it.

Birds who delighted at such wonderful show
witnessed it.

Clouds in the distance who watched us
yelled at it.

Around the castle he walked
and woke up thinking he had been dreaming
of snails and shells
of the waves and wind,
with sand and the moon,
with her Caribbean green eyes.

Y la luna le sonrió.

And the moon smiled.

EL SEÑORITO

Arregladito
Pelo bonito
Muy colochito

La señorita
Es muy blanquita
Con su sonrisita
Parecía perlita

El señorito, ni modo
Dijo que sí
La señorita, ni modo
Se pintó el pelo y las uñas

Ahora él es señor
Y ella es más rubia
Y su idioma es rubio
Y sus ideas son rubias
Y sus modales son rubios
Y quiere cambiarle el color
… al señor.

MR. SEÑORITO

He
tidy up
pretty hair
very curly

She
pretty white
with her smile
seemed like a perlite

The gentleman, at any rate
said yes
The lady, at any rate
took that yes, dyed her hair and painted her nails

Now he is a señor
And she is even blonder
And her language is blonder
And her ideas are blonder
And her manners are blonder
wanting to change the color
…of Mr. Señor.

DIOS NO ME CONTESTÓ

El esposo y su esposa tienen muchos hijos
pero ella ni siquiera aspiraba al primero
"Fue un accidente"
y terminó con cuatro tragedias

"¿Cuándo vas a parar?" -le pregunté
"¡No tenemos nada más que hacer, hombre!" -responde
"No puedo darme el lujo de tener tele por cable".

Y se ve a sí mismo en el espejo tembloroso
y se pregunta si ella está embarazada de nuevo.

Marido y mujer se encuentran dentro de la casa
Ella se queja de que tiene que llevar a los insectos a la escuela
Él se queja de que tiene que ir a trabajar para alimentar a sus engendros

Él se va a trabajar envuelto en el humo de su tristeza
Ella se queda en el interior, irritada
porque no puede tener una sirvienta como la gente normal

Y la noche se desvanece, y el paisaje cambia
y me pregunté por qué los pobres se siguen procreando

GOD DID NOT KNOW

Husband and his wife have four children
but she never even want the first one she told me
"it was an accident"
and she ended up with four tragedies

"When are you going to stop?" -I asked him
"We have nothing else to do, man!" -he says
"I can't afford to have cable TV"

And he sees himself in the shaky mirror
and wonders if she's pregnant again

Husband and wife are inside the house
She complains that she has to take the insects to school
He complains that he has to go to work to feed his monsters

He goes away to work smoking his sadness
She stays inside, irritated
because she can't have a maid like normal people

And the night vanishes, and the scenery changes
and I questioned why poor people keep procreating

Y miré al cielo y le pregunté a Dios al respecto,
pero él no quiso contestarme.

And I looked at the sky and asked God why,
but he didn't know

Ayúdame

Señor:

Soy aquel que de niño quiso ser grande.
Desperdicié toda mi niñez queriendo ser grande,
Y comencé a vivir…
Comencé.

Lunas llenas, estrellas fugaces, carritos chocones, Santa Claus,

Nada, nada de eso llama mi atención más.
Y ahora todo, todo aquello quedó atrás para dar vida a una nueva vida,
Si acaso es vida.

Y es verdad
Y toda mi inocencia,
Y toda mi juventud
Y toda mi vida quedó atrás.

Por querer ser grande
Y por querer vivir más…
Mucho más rápido que el tiempo.

Help me

Lord:

I am that child who wanted to grow up.
I wasted all of my childhood wanting to grow up,
And then I began to live...
I began.

Full moons, shooting stars, bumper cars, Santa Claus,

Nothing, none of that catches my attention any longer.
And now everything, all of that was left behind to give life to a new life,
If this is life.

And it's true
And all of my innocence,
and all of my youth
And all of my life was left behind.

Wanting to be a grown-up
wanting to live more...
much faster than time.

Ahora, Señor,
vivir entre los grandes me asfixia.
Y quisiera ser aquel niño que cantaba con franqueza,
Porque es un dolor enorme, es un dolor grande
Y me doy cuenta de todo.
Y por eso quiero ser niño otra vez
Y porque traté de amar como grande, a los grandes…

Señor,
Ya no quiero vivir entre los grandes
Todos mienten,
Prometen y no cumplen.
Odian e ignoran el don divino de la felicidad.
Ellos la buscan en todos lados,
Menos en ellos mismos…
En su corazón.

¡Y por eso quiero siempre ser niño!
¡Ayúdame a ser niño otra vez!
Para que vuelva el brillo del niño quien quiso ser grande…

Ayúdame.

Now, Lord,
living among grown-ups is choking me.
And I would love to be the child who sang frankly,
Because it's a vast pain, it's an excessive pain
And I realize it now.
And thus I want to be little again
And because I tried to love grown-ups like a grown-up...

Lord,
I do not want to live among grown-ups
Everyone lies,
They promise and deliver not.
They hate and ignore the celestial gift of happiness.
They seek, and seek, and seek it everywhere,
except inside themselves...
In their heart.

I want to always be a child!
Help me be little again!
To recover the glow of the child who wanted to be big...

Help me.

RENUNCIACIÓN

El viento agita mis alas
Y mi deseo de derrotarte crece en mí
como un cáncer

Y las noches me mantienen en vela
porque nuestra relación es hostil y yo
quiero deshacerme de vos,
para superarte, para derrocarte

"Sos como tu tata" -exclamó la señora con el delantal café mientras me
hacía café y me leía el evangelio según San Mateo. "La gente dice que
cada día te parecés más a él".

Escapo
pero tu sombra me persigue.

El aroma del café llena la sala.
Ya me ha de haber leído el Apocalipsis unas tres veces
Y corro e intento deshacerme de la oscuridad y trato de liberar mi
alma.

Tomo y cada sorbo llena mi cáliz vacío
pero tu maldición paterna está sobre mí
cuando mi madre te trae de la tumba

RESIGNATION

The wind agitates my wings
and my desire to defeat you grows
in me like a cancer

And the nights keep me awake
because our relationship is hostile and I
want to get rid of you,
to overcome you, to overthrow you

"You are just like your father" -exclaimed the lady in the brown apron
while making coffee and reading passages of St. Matthews to me.
"People say you're becoming more like him."

And I run away
but your shadow chases me.

The smell of coffee fills up the room.
She must have read the Apocalypse three times by now
And I run and I try to get rid of the dark and I attempt to liberate my
soul.

I drink and every sip fills up my empty chalice
Your paternal curse is upon me
when my mother brings you back from your grave

Y te alaba
y le dice a la gente que tus zapatos me quedan como un guante.

Pero yo no quiero tus zapatos,
y corro y corro y corro
pero no puedo seguir corriendo descalzo.

And she praises you
and she tells people I'm fitting in your shoes

But I don't want your shoes,
and I run, and run and run
but I can't keep running barefoot.

Vos

Es impostergable hallarme ya sin vos,
mi desierto precisa tu presencia.
Ni el concierto de mis días
está completo sin tu dulce voz.

La razón no funciona
sin la lógica de tu pensar.
Las flores velan
por esperar a la más lúcida rosa.

El sol ya no da su ardor
pues le hace falta tu brillo.
Ya yo ni vivo por ahorrar mi vida
y derrocharla con vos.

You

Being with you cannot be postponed,
my desert needs your presence.
Not even the concert of my life
is complete without your sweet voice.

Reasoning fails
without the logic of your thought.
Flowers keep vigil
waiting for the most lucid rose.

The sun does not give his ardor
for he needs your brilliance.
I'm no longer living, I'm saving my life
to spend it with you.

CUANDO ME BESAS

La realidad me abandona y el miedo me abraza
y me desconecto de este mundo
y entramos en nuestro paisaje tórrido y prohibido
y nos convertimos en dioses
dioses de la oscuridad
dioses de susurros.

Cuando me besas
perdemos nuestros nombres
nuestras identidades se confunden
mi pelo se vuelve uno con el tuyo
y recitamos al unísono:
nosotros
somos
uno.

Cuando me besas
la luz de tus ojos ilumina los míos
como una luna en el desierto queriendo ser alabada
y desencadenan lo que parecía inerte.

WHEN YOU KISS ME

Reality abandons me and fear embraces me
and I get disconnected from this world
and we enter into our steamy, forbidden landscape
and we become gods
gods of darkness
gods of whispers.

When you kiss me
we lose our names
our identities become blurred
my hair becomes one with yours
and we recite to the unison
we
are
one.

When you kiss me
the light from your eyes illuminates mine
like a moon in the desert wanting to be praised
and unchain what seemed to be dormant.

Cuando me besas
cierras los ojos y permaneces en silencio
abro los ojos para acariciarte con mi espíritu
tropiezas, tiemblas
con la danza lúdica de mis labios recorriendo tu cuerpo
la danza que me trae más cerca de ti.

When you kiss me
you close your eyes and remain silent
I open my eyes to caress you with my spirit
stumbling, trembling
with the playful dance of my lips around your body
the dance that brings me closer to you.

TAN CERCA

Tus labios de miel besé
Tu cabello de Iracema acaricié
Tu cuerpo de diosa admiré
Tu seno de Afrodita amé

Con un inocente beso
No hubo nadie ni jamás lo habrá
Quien disfrutara tanto mis versos
Como lo hiciste tú

Tú,
Preciosa diosa
Sin objeción alguna
Sin segundas interpretaciones
Sin siquiera dudar

Te veo y guardo tu retrato
En alguna comarca de mi existencia

SO CLOSE

Your honey lips I kissed
Your Iracema hair I caressed
Your goddess body I admired
Your Aphrodite breasts I loved

With an innocent kiss
There was no one nor there shall ever be
Who would enjoy my verses
As you'd always do

You,
Beautiful goddess
Without objection
Without hesitation
Without second interpretations

I see you and keep your portrait
In some province of my existence

¿No hay misericordia?

Nueva York desnuda a los árboles
con el pretexto de que es otoño

Y los árboles, desnudos
se están preparando para la acción de gracias
Y los pavos, desnudos
apaciguadamente esperan su momento

Encendí la radio de mi coche el otro día
Y me enteré de la noticia
Dijeron que la gripe aviar ha matado
dos más en Asia

Y advierte a los oyentes con su voz suave
"Absténganse de comer pavo en estos días".

Cuando llegué a mi oficina
Hablé con mi compañero de trabajo al respecto

Is there no mercy?

New York is undressing the trees
with the pretext that it is Autumn

And the trees, naked
are getting ready for Thanksgiving
And the turkeys, naked
peacefully await for their moment.

I turned on the radio in my car
And I heard the news
And they said that bird flu just killed
two more in Asia

And he warns the listeners with his mellow voice
"refrain from eating turkey these days"

I arrived at my office
I told my coworker about it

73

"Pero esto sucede tan lejos
en países cuyos nombres no puedo
ni siquiera pronunciar y
no tengo piedad cuando se trata de dar gracias".

Y me fui a abrazar los árboles desnudos.

"But this happens so far away
in countries whose names I can't even
pronounce and
I have no
mercy when it comes to Thanksgiving"

And I walked away to embrace the naked trees.

La nada del olvido

¿Cómo podré soportarlo?
Tú te vas, como aquel gallo que se traga las estrellas
A un lugar muy lejano
Te marchas.

Quizás para siempre
Dejando mi desierto sin agua
Mi sótano sin luz
Mi vida sin vida.

Será difícil encontrar otra razón
Por la cual soñar por las noches
Y abrigar una esperanza
Y vivir una ilusión.

Solo quedará tu recuerdo en mi imaginación
Al pensar en tu caudal de sonrisas
En tu mirada inocente
En tus labios de miel
Y en la vida vivida.

NOTHING OF OBLIVION

How can I bear it?
You are leaving, like a rooster swallowing the stars
To a faraway place
You are parting.

Forever, perhaps
Leaving my desert without water
My cellar without light
My life without life.

It will be tough to find another reason
To dream at night
To cherish hope
To live an illusion.

What will remain
Is your memory in my imagination
When I think of your flow of smiles
Of your innocent look
Of your lips of panela
And of the life lived.

Un juego prohibido

Un juego
Dos tristes chistes
Tus tres dedos en mi espalda
¡Lástima, no andabas falda!

Una foto
Dos poemas
¡Quién diría, qué dilema!
Y fue mejor cambiar de tema

Un abrazo
Dos besos
Fue mucho más que eso.
¡Eso sí que fue travieso!
Y es eso lo que yo ahora confieso…

A FORBIDDEN GAME

A game
Two silly jokes
Three fingers walking on my back
My hand in a voyage down leg street

One photo
Two poems
Three minutes to read them
Four minutes to absorb them…

One hug
Two kisses
It was much more than this.
Now that was naughty!
And that's what I now confess...

El llanto de mi corazón

Mi corazón llora,
Mi alma se desvanece,
El sueño se evapora
Y la tristeza efervesce.

    Quiero gritar, y no puedo.
    Quiero llorar, y ya ni lágrimas tengo
    Quiero decirte cuanto te quiero,
    Y decirte cuánto me duele verte sufrir.

Hemos reído, ahora lloramos.
Dormíamos, ahora velamos.
Sobrevivíamos, ahora ya no estamos…
Ya no estamos.

    Mi corazón llora,
    Mi alma se desvanece,
    El sueño se evapora
    Y la tristeza efervesce.

¡Oh, cuanto luto!
¡Oh, cuanto dolor!

The cry of my heart

My heart cries,
My soul vanishes
My dream fades away
And sadness overshadows it.

> I want to shout and I cannot.
> I want to weep, and I have no tears left.
> I want to tell you how much I love you,
> And how much it hurts to see you suffering.

We have laughed, now we cry.
We slept, now we stay awake.
Used to surviving, now we are not anymore…
We are not anymore.

> My heart cries,
> My soul vanishes
> My dream fades away
> And sadness overshadows it.

Oh! How much mourning!
Oh! How much pain!

Que profunda mi tristeza
Cuán inmenso mi pesar.

El tiempo vuela
Y sé que en unos días sanarás
Y sé que volverás a sonreír
Y el luto se habrá ido
Y la paz vendrá
Y se quedará contigo.

Mi corazón llora,
Mi alma se desvanece,
El sueño se evapora y la tristeza efervece.

How deep is my sorrow,
How big is my distress.

Time flies
And you soon will be healed
And I know you will smile again
And calm will come
To stay with you.

My heart cries,
My soul vanishes
My dream fades away
And sadness overshadows me.

MILGÜOQUI

Milwaukee le abre sus brazos.
Brazos que la cautivan y la mantienen lejos del
frío, del viento helado que baja del norte.

Recuerdo como disfrutaba
hablar con la gente sobre su país
podría seguir y seguir durante horas...
        "Mamá, tenemos que irnos".

Ella nunca fue a la escuela secundaria
porque las mujeres de su época no necesitaban educación.
Lo que realmente necesitaban era aprender
        a cocinar, cuidar de la casa,
        del marido y de los hijos

Pero ahora, en Milwaukee,
todo el mundo la trata con dignidad.
La gente se debate preguntándose si
        ella tiene un doctorado en literatura o en historia
        física, tal vez.
Nadie se atreve a preguntarle.

Milgüoqui

Milwaukee opens its arms to her.
Arms that captivate her and keep her away from
the cold, freezing wind of up north.

I remember how she'd enjoy
talking to people about her country
she could go on and on for hours...
   "Mamá, we have to go."

She never went to high school
because women of her time didn't need school
what they truly needed was to learn
   to cook, to take care of the house,
    of the husband and of the children.

But now in Milwaukee,
everyone treats her with dignity.
People debate wondering if
   she holds a Ph.D. in literature or in history
   physics, perhaps.
No one dares to ask her.

Estoy seguro de que ella habría elegido ser maestra
si hubiera tenido la oportunidad.

Ella aprendió el tipo de inglés que nadie
entiende,
y no se avergüenza por enfatizar sus erres al hablar
ni se preocupa por deletrear Milgüoqui de la manera correcta.

Habla de todo con absoluta sinceridad
y la gente se pregunta si ella es una especialista en política
            o en sociología
                astronomía, quizás.

Y se gana su corazón enseñándoles a hacer pupusas.

Hace mucho frío fuera,
y es que echa de menos el calor de su país,
            de sus hermanos, de su gente.

Y Milgüoqui se quedó tan triste como antes.

I'm sure that she would have chosen to be a teacher
if she had had the chance.

She taught herself the kind of English that no one
understands.
And she's not embarrassed to emphasize her hard Rs
or to spell Milgüoqui the right way.

She talks about everything with absolute confidence
and people wonder if she's a specialist in politics
            or sociology
            astronomy, perhaps.

And she wins their heart teaching them to make Pupusas.

It's too cold out,
and she misses the warmth of her country,
            her brothers, her people.

And Milgüoqui remained as sad as before.

Momentos

Hay momentos en la vida
En que no podés ocultar lo que se siente
Y porque el sentimiento ese crece y efervece
Se agiganta y enloquece
En momentos como este.

Hay momentos en tu vida
En que no importa el porqué de ese sentimiento,
Pues la soledad no tiene respuesta,
Pues el tic tac sigue su marcha…
No importando lo que deja atrás,
Pues al final son sólo momentos.

Hay momentos en tu vida
Cuando ves hacia atrás y quisieras ver más
Porque sabés que el tic tac no da marcha atrás
Jamás.

Hay momentos en mi vida
Cuando me rebalsa lo que no tengo,
Me asfixia lo que tengo
Y anhelo lo que alguna vez tuve.

MOMENTS

There are moments in life
When you cannot hide what you feel
And because that feeling grows and effervesces
gets inflamed and goes crazy
In moments like this.

There are moments in your life
When no matter the reason for that feeling,
When loneliness has no answer,
When the tick-tack carries on...
No matter what it leaves behind,
For in the end these are just moments.

There are moments in your life
When you look back and want to see farther
When you know that the tick-tack does not back down
It does not slow down.

There are moments in my life
When lacking overflows me,
When having asphyxiates me
Then I long for what I once had.

A VECES

A veces suelo pensar en grillos y árboles,
a veces pienso en la lluvia que rompe todos mis esquemas
y atraviesa con lujuria mi universo de ropa mojada,
a veces pienso que valió la pena todos los momentos que pasamos,
a veces pienso que no vales la pena.
A veces veo las hormigas que hacen sus quehaceres,
a veces siento las hormigas en mi espalda,
a veces me siento tentado a llamarte,
a veces la tentación es pecado.
A veces veo tu retrato con dulce nostalgia,
a veces sin voluntad de verte.
A veces me pregunto si fuiste real… si alguna vez exististe…
si alguna vez fuiste algo más que una princesa en un castillo con
dragones y cocodrilos.
A veces recuerdo tus besos delirantes, tus caricias vehementes,
tus abrazos ardientes, tus momentos inspiradores, tus suspiros
apasionantes, tu sexo impetuoso…

Tu determinación deslumbrante…
Tu inseguridad galopante…

SOMETIMES

Sometimes I tend to think of crickets and trees,
sometimes I think about the rain that breaks all my schemes
snd lustfully traverses my universe of wet clothes
sometimes I think that the time together was worth it,
sometimes I think you're not worth the time.
Sometimes I see the ants do their chores,
sometimes I feel the ants on my back,
sometimes I'm tempted to call you,
sometimes temptation is a sin.
Sometimes I see your portrait with fragrant nostalgia,
Sometimes just unwilling to see.
Sometimes I wonder if you were ever real... if you ever existed...
if you ever were more than a princess in a castle with dragons and
crocodiles.
Sometimes I remember your delusional kisses, your vehement
touches, your burning hugs, your inspiring moments, your exciting
sighs, your impetuous sex ...

Your dazzling determination...
Your rampant insecurity...

CLANDESTINIDAD

En aquella noche donde reinaba la curiosidad
Y donde tú iluminabas todo a tu alrededor
Y donde la demás estrellas extinguían su brillo
Para dar paso al tuyo
Trastornaste mi imaginación.

En aquella noche donde nada era anormal
Y donde vos eras quién deleitaba el corredor
Y donde nadie supo que te observaba con fervor
Para envolverme en tu mirar
Respiraste todo mi aire.

En aquella noche donde todo era anormal
Te idolatré tal cual Venus en el infinito
Te idealicé tal cual musa en mi jardín
Te amé tal cual Cirano a su amada
Tal cual Romeo a Julieta,

Muriendo en el remolino por un amor oprimido
y por otro amor escondido.

CLANDESTINITY

On that night where curiosity reigned
And where you illuminated everything around you
And where all other stars extinguished their gleam
To make way for yours
You perturbed my imagination.

On that night where nothing was abnormal
And where it was you who delighted the corridor with your figure
And nobody knew that I observed your silhouette fervently
Trying to get wrapped in your eyes
You breathed all of my air.

On that night where everything was abnormal
I idolized you like Venus at infinity
I idealized you like the muse in my garden
I loved you like Cyrano loved his lover
As is Romeo to his Juliet.

Dying in the tempest for one oppressed love
and for another, hidden.

¿Hora?

¿A quién le importa?
Ya no hay tiempo ni de llorar
mis lágrimas son un mar que me envuelve
en este océano de tristeza y tiburones blancos.
Tu desacierto es la grandeza que me disminuye
y se enaltece sobre lo más inútil de mi inútil barca.
Por un lado navega, sin rumbo
por el otro, el rumbo dejó de existir
cuando se perdió la inocencia
y encontraste el lugar
para llegar
e ir.
Un ángel lloró.

TIME?

Who cares?
There is no time left to mourn
my tears are a sea that surrounds me
in this ocean of sadness and great white sharks.
Your disconcert is the greatness that diminishes me
and it exalts over the most useless of my useless boat.
On the one hand surfing aimlessly
on the other, the course ceased to exist
when innocence was lost
for you to find the place
to arrive
and go.
An angel cried.

Encontré lo que siempre buscaste

Esta noche encontré
Lo que infructuosamente búscaste ayer
En los ríos, volcanes, desiertos y montañas
En ciudades, en los bares, en los mares y las playas

Ella es tan inocente y tan santa
Que su dulce mirar mis ojos deleitan
En mis sueños dormidos que ahora despiertan
Al son de su voz y su sonora garganta

Tiene ella tez blanca y cabellos rizados
Y en su seno su pecho muy perfecto hermosea
Su perfecta cintura mi pensamiento recrea
Y es más alta que yo, ¡claro que existe el hado!

Su noble sonrisa sus dientes delatan
Lo veo en sus ojos la poesía ella adora,
Es sensible a mi voz, me lo ha dicho ella ahora
Doy gracias al cielo, cumplióse mi ruego
Mi ternura y alegría al universo confiesan
Que encontré la mujer… que tú tanto buscaste.

Game over

Tonight I found
What yesterday in vain you looked for
In rivers, volcanoes, deserts and mountains
In cities, in bars, in the seas and beaches

She is so innocent and divine
Her sweet look are the delight of my eyes
In my dormant dreams that awaken just now
To the melody of her voice

Her skin is soft and her hair is wavy
And in her bosom her breasts gleam beautified
Her perfect waist sends my mind in a voyage
And she is taller than me, of course there is fate!

Her noble smile her teeth portray
I see it in her eyes, poetry she loves
She is sensitive to my voice, she has told me now
I thank heaven, my prayer was heard
My bliss and my joy to the universe I confess
I found the woman... that in vain you so searched.

Mamá ana

En la ausencia de mi vida
inconscientemente adopté una abuela
quien vino a llenar mi vida con la vida
cuando no había vida
ni esperanza
ni fe.

Mamá Ana siempre tenía un oído para escuchar
listo para estar ahí cuando necesitaba a alguien.

Ella siempre tenía una respuesta para todo
una aspirina para que las plantas crezcan más rápido,
ruda para el dolor de estómago,
jengibre para el dolor de cabeza.

Ella tenía una jungla en el jardín de su casa
rosas, hierbas, tomates...

Guardo su viva imagen regando las plantas cada mañana
cuando iba a la tiendita para comprar comida
y tenía hambre, ya iba tarde, tenía que ir a trabajar...

"Mira a esta rosa" -me decía. "¿Te acuerdas cuando me ayudaste a
limpiar el suelo? Fue hace mucho tiempo".

JUEGOS DE LA MEMORIA

MAMÁ ANA

In the absence of my life
I unconsciously adopted a grandmother
she came to fill my life with life
when there was no life
no hope
no faith.

Mamá Ana always had an ear to lend
ready to be there when I needed someone.

She always had an answer for everything
an aspirin for the plants to grow faster,
ruda for a stomachache,
ginger for a headache.

She had a garden on her front yard
roses, herbs, tomatoes...

I have a vivid image of her watering her garden
every morning when I went to the little tienda to buy food
and I was hungry, I was late, I had to go to work...

"Look at this rose," -she said "Do you remember when you helped me
clean the soil? It seems like it was so long ago."

"Vení aquí, tengo algo para vos".
Y los minutos se convertían en conversaciones
y las conversaciones se convirtieron en mi religión.

Mamá Ana siempre tenía algo para todo el mundo
una tortilla para el hambriento
un pedazo de pan para engordar a su nieto adoptivo
una oración oportuna para los vendedores ambulantes para que
pudieran vender todo lo que tenían.

Y los vendedores le traían guineos, aguacates, pescados, pan...
Todos lo hicieron porque habían encontrado una respuesta en ella,
pero sobre todo porque creían haber encontrado un talismán, un
amuleto de la suerte.

Cuando no estaba en casa y no la veían, tenían que regresar a sus casas
con sus productos en sus grandes cestas
cuando volvía del trabajo,
ella estaba en su jardín hablando con la gente.

Yo quería llegar a casa, mi cuerpo demandaba descansar, tirarme en el
sofá, quedarme en la hamaca, quería ver televisión...

"Come on inside for a minute, I have something for you."
And the minutes became conversations
and the conversations became my religion.

Mamá Ana always had something for everyone
A tortilla to spare with the hungry
A piece of bread to feed her adopted grandson
A timely prayer for the street vendors so that they could sell all they
had.

And the vendors came to give her bananas, avocados, fish, bread...
They all did because they found an answer in her
but mostly because they believed to have found an amulet, a lucky
charm.

When she wasn't at home and they didn't see her, they had to walk
home with their products on their big baskets.

When I came back from work,
she was on her front yard talking to people
I needed to rest, I wanted to get home, I wanted to watch TV...

"¡Ya venís! Aquí tengo café y pan dulce para vos".

Yo siempre me decía a mí mismo que iba por el café y la semita y luego
me iría
pero nos consagramos a interesantes conversaciones sobre su fascinante
pasado.

"Recuerdo cuando los comunistas quemaron nuestro Diario... cuando
se llevaron toda nuestra tierra..."

Escuchaba atentamente mientras ella vertía un poco más de café en
mi taza
y entonces ya no quería irme
y después hacía una oración para mí,
para mi madre,
para mi hermano,
para todo el mundo.

"Come here I have coffee and pastry for you"

I always said to myself that I was just having coffee and pastry and
then leave
but we engaged in interesting conversations about her fascinating past.

"I remember when the communists burn down our Newspaper...
when they took all of our land..."

I listened attentively while she poured some coffee in my mug
and then I didn't want to leave
and then she prayed for me,
for my mother,
for my brother,
for everyone.

Juegos de la memoria

"I'm Nobody, who are you? Are you nobody, too?"

E.D.

Todo lo que anhelaba en aquella noche accidentada
Todo lo que me hacía sentir triste
Todo lo que quedó en el abismo de mi pensamiento
Todo lo que un tornado destruyó

Es todo aquello que ya no existe
Todo lo que causa dolor en todo momento
Y hace que reflexiones en lo que haces
Para salir de ese abismo abismal
Y erradicar esos dañinos juegos de la memoria de mierda
Y perder la memoria de todos los recuerdos del ayer

Todos esos recuerdos paranoicos
Irreales como un hada que nunca existió
Incrustados con tinta indeleble
Como un tatuaje que no se desea más
Y que al borrarlo te queda la cicatriz
Esa que ni el tiempo puede borrar.

Mindgames

"I'm Nobody, who are you? Are you nobody, too?"

E.D.

All I longed for that eventful night
All that made me feel sad
All that was left in the abyss of my thoughts
All that a tornado destroyed

It now is everything that no longer exists
All of it that causes pain at all times
And that reflects in what you do
To get out of that abysmal pit
And to eradicate those harmful mind games
And to lose the memory of all the memories of yesterday

All those paranoid memories
As unreal as a fairy that never existed
Embedded with indelible ink
As a tattoo that is no longer wanted
And leaves a scar when erased
That scar that not even time can erase.

Biografía del autor

Nelson López Rojas, originario de San Salvador, obtuvo un doctorado en traducción de la Universidad de Binghamton, en Nueva York. Actualmente se desempeña como profesor invitado de español en Marquette University y lector en temas latinoamericanos para la Universidad de Wisconsin-Milwaukee, así como profesor de literatura para la Universidad Don Bosco. Ha publicado poemas y ensayos en diversas revistas en papel y en línea; asímismo ha sido editor de revistas y traductor de poemas del y al inglés, portugués y español. Fue invitado al Primer Festival de Poesía Latinoamericana en la ciudad de Nueva York en octubre de 2012. La publicación de su traducción del mayor libro de Salarrué, «Cuentos de Barro» al inglés ha sido la única edición completa de una obra del gran cuentista salvadoreño al inglés. Ha colaborado en antologías de Machado de Assis. Actualmente trabaja en los detalles finales de su biomitografía «Semos malos»; en una compilación de Machado de Assis por New London Librarium; en una traducción al español de un manuscrito de Salarrué escrito en Nueva York; y en la traducción del «Valle de las hamacas» de Manlio Argueta.

Author's biography

Nelson López Rojas, from San Salvador, earned a doctorate in translation at Binghamton University in New York. He currently serves as a Visiting Professor of Spanish at Marquette University and as a Lecturer in Latin American studies for the University of Wisconsin-Milwaukee, as well as literature professor at Don Bosco University. He has published poems and essays in various magazines in print and online, has been a magazine editor and poetry translator. He was a guest at the First Latin American Poetry Festival in New York City in October 2012. The publication of his translation of the most important work of Salarrué, "Cuentos de barro" into English is the only complete edition of a work by the great Salvadoran storyteller. He has worked in anthologies of Machado de Assis. He is currently working on the final details of his biomitografía "Semos malos," in a compilation of Machado de Assis by New London Librarium; in a Spanish translation of a manuscript written by Salarrué in New York, and in the translation of the "Valle de las hamacas" of Manlio Argueta.

Nelson López escribe poemas imaginativos y filosóficos que están salpicados con toques de humor. Sus poemas son inteligentes y reflexivos, por lo que se quedan con el lector mucho después de que su libro se devuelve al estante. ¡Es un libro que no debe perderse!

Maria Mazziotti Gillan
Ganadora del Barnes & Noble Writers for Writers Award from Poets & Writers, 2011
Ganadora del American Book Award de 2008
Premio del Chancellor's Award for Excellence in Scholarship and Creative Endeavors

Nelson López writes imagistic, philosophical poems that are sprinkled with dashes of humor. They are intelligent and thoughtful; hence they stay with the reader long after his book has been returned to the shelf. This is a book not to be missed.

Maria Mazziotti Gillan
Barnes & Noble Writers for Writers Award from Poets & Writers, 2011
American Book Award, 2008
Chancellor's Award for Excellence in Scholarship and Creative Endeavors

A Nelson lo conocimos
verseando por Nueva York,
nos causó gran emoción
cuando el verbo percibimos.
Mucha atención le pusimos
pues tiene gracia al hablar,
y por su alma de juglar
es un oasis su trino,
ojalá que en el camino
nos volvamos a encontrar.

Los Verseros
México 2013.

We met Nelson
versing around New York,
He triggered great excitement
when his word we perceived.
Much attention we put
His speech is full of grace,
and his frisky soul
is an oasis of songs.
Hopefully on the way
we will meet again.

Los Verseros
Mexico 2013.

La audacia de Nelson López cita a Emily Dickinson en momentos extraños para mí: "No soy nadie, ¿quién eres tú? ¿Eres nadie, también?", y es en este terreno firme de descreación mismo que se destaca el trabajo de Nelson López: poemas que parecen provenir de una necesidad más allá de auto-expresión, poemas en los que tanto la alegría y el sufrimiento intercambian libremente sus intuiciones. Nelson puede ser a la vez ingenioso y lamentoso, todo al mismo tiempo. La forma en que su ingenio y la danza del descontento crean un patrón formal en la que el ingenio y la lamentación pierden sus propiedades por separado y se convierten en un nuevo compuesto –algo que no distorsiona ni el yo ni la claridad del paisaje a su alrededor, sino que la da por testigo. La ironía no atemperada por el dolor o la compasión puede percibirse como *frágil y precioso*. ¡Pero nada es *frágil y precioso* en el trabajo de Nelson López! Estos poemas muestran una inteligencia probada y comprobada por un fuerte disparo hacia el interior del espíritu. Sus poemas tienen toda la libertad de movimiento que el espíritu demanda: son del aire, y también con un polo a tierra y capaces de caminar.

Joe Weil
Director de Maggy, autor de *El aprendiz de fontanero.*

Nelson López' audacity would always quote Emily Dickinson at certain odd times to me: "I'm Nobody, who are you? Are you nobody, too?" And it is on this firm ground of self-de-creation that the work of Nelson López stands: poems that seem to come from a necessity beyond self-expression, poems in which both playfulness and suffering freely exchange their calling cards. Nelson can be both witty and lamenting all at once, and the way his wit and lamentation dance creates a formal pattern in which wit and lamentation lose their separate properties and become a new compound –something that does not distort either the self or the landscape around it, but gives clarity to witness. Irony not tempered by grief or compassion can become *brittle and precious*. But nothing is *brittle and precious* in the work of Nelson López! These poems show an intelligence tested and proven strong by an inward firing of the spirit. They have all the freedom of movement spirit entails: they are of the air, but also grounded and capable of walking.

Joe Weil
Editor of Maggy, author of *The Plumber's Apprentice*.

www.ingramcontent.com/pod-product-compliance
Lightning Source LLC
Chambersburg PA
CBHW021240090426
42740CB00006B/616